GÜNTER BAUM

AF286617

EINAKTER

Für jede mittelgroße und große Bühne geeignet

Alle Rechte – auch die Aufführungsrechte – liegen beim Autor

Herstellung und Verlag:

BoD - Books on Demand, Norderstedt

ISBN 978-3-8482-4539-0

Vier Pizzen und einmal Salat

Vier Pizzen und einmal Salat

Einakter von Günter Baum

Inhalt:

Ein junger Mann beobachtet aus seiner Wohnung heraus einen scheinbar lebensmüden Mann auf dem Dach des gegenüberliegenden Hochhauses.

Seine Verlobte, die schließlich Polizei und Feuerwehr anruft, ist entsetzt, daß er sogar Freunde herbeiruft, um bei Pizza und Bier mit Feldstecher und Digitalkamera bewaffnet den Sprung des Mannes auf dem Dach herbeiwünscht..

Es wird Nacht. Über Stunden hält das Umfeld den Atem an.

Ungewollt schlafen die Beobachter gegen Morgen ein.

Als sie erwachen, ist es hell, und der Mann auf dem Dach ist nicht mehr zu sehen.

Ist er gesprungen ? Sie wissen es nicht.

Aber die Verlobung wird gelöst.

Personen:

Manfred (etwa 28)

mittelmäßig intelligent, versteckt seine Feigheit hinter Kaltschnäuzigkeit,

verlobt mit Ingeborg

Ingeborg (etwa 25)

warmherzig aber auch resolut, verlobt mit Manfred

Rainer (etwa 40)

Stammtisch Freund von Manfred, brutal, dümmlich

Freddy (etwa 20)

Band-Sänger, Lebenskünstler

Karin (etwa 25)

Freundin von Ingeborg, sehr temperamentvoll

Ein Pizza-Bote

Ort:

Mittelgroßes Wohnzimmer, Einrichtung ohne Besonderheiten, zwingend
notwendig aber ein Eßtisch mit sechs Stühlen, ein kleines Tischchen mit Telefon
und im Hintergrund ein großes Fenster, durch das die Fassade eines gegenüberliegenden Hochhauses zu sehen ist – nicht aber das Dach.
Rechts eine Tür in den Flur.

1. Szene

Das Licht muß so auf das Hochhaus fallen, daß ein später Nachmittag oder ein zeitiger Abend glaubhaft ist. Es dunkelt zunehmend.

Manfred ist allein im Raum, rechts die Tür zum Flur ist geöffnet, es ist mindestens noch eine Tür zu sehen, da von dort Zugang in andere Räume.

Manfred: (steht am Fenster und sieht auf die Straße, hebt die Stimme um im anderen Raum gehört zu werden) „Bist du bald fertig?"

Stimme Ingeborg: „Warum die Eile? Der Film beginnt doch erst in einer Stunde."

Manfred: „Aber wir haben noch keine Karten und bisher war immer ausverkauft."

Stimme Ingeborg: „Dann ruf doch an."

Manfred: „Hat keinen Zweck. Die verkaufen die Karten, wenn wir nicht pünktlich sind." (er hat sich vom Fenster weg gedreht, geht aber ganz schnell wieder in die alte Stellung und schaut zum Hochhaus, steht eine Weile bewegungslos, stöhnt dann) „Mein Gott!"

Stimme Ingeborg: „Hast du was gesagt?"

Manfred: (erschrocken, halblaut) „O Gott! O Gott! (laut) „Nein, nein – schon gut. Weißt du, wo unser Feldstecher ist? Ich meine, ich brauche ganz schnell den Feldstecher."

Stimme Ingeborg: „Im Schlafzimmer auf dem Kleiderschrank!"

Manfred: (eilt in Richtung Flur, verschwindet nur kurz und kommt dann mit dem Feldstecher zurück, stellt sich ans Fenster und richtet das Glas auf das Hochhaus, halblaut) „Nicht zu fassen !"

2. Szene

Ingeborg: (betritt im Bademantel den Raum) „Du willst doch nicht etwa den anderen Leuten in die Stuben sehen ?"

Manfred: (ohne den Blick vom Dach zu lassen) „Nein, nein. Aber ich würde sagen, wir vergessen das Kino. Es sieht so aus, als könnten wir hier bald jede Menge Action erleben."

Ingeborg: (geht ans Fenster und versucht in die gleiche Richtung zu schauen) „Was soll denn an der langweiligen Fassade so interessant sein ?"

Manfred: (aufgeregt) „Oben, ganz oben auf dem Dach mußt du schauen !"

Ingeborg: „Da steht jemand."

Manfred: „Ich kann sogar sein verzweifeltes Gesicht sehen."

Ingeborg: „Der will doch nicht etwa - - „

Manfred: „Natürlich will er. Was denkst du sonst, was der da oben macht ?"

Ingeborg: (reißt Manfred das Fernglas aus der Hand und schaut selbst auf das Dach, erschüttert) „Er sieht wirklich verzweifelt aus. Daß das auf der Straße niemand bemerkt ?"

Manfred: „Wie denn ? Schaust du die Dächer ab, wenn du durch die Straßen gehst ?"

Ingeborg: „Aber – da muß man doch etwas machen !?"

Manfred: „Was denn ? Du kannst ein Hochhaus Fenster nicht öffnen. Du kannst ihm nicht einmal zurufen, er soll das bleibenlassen."

Ingeborg: „Aber – er ist sich doch gar nicht sicher - - „

Manfred: „Du meinst, sonst wäre er längst gesprungen ? Vielleicht wartet er nur bis zur völligen Dunkelheit."

Ingeborg: (gibt das Fernglas Manfred zurück und geht entschlossen zum Telefon.)

Manfred: „Wen willst du anrufen ?"

Ingeborg: (entrüstet) „Du würdest, glaube ich, überhaupt nichts tun. Wen ruft man denn in einem solchen Notfall an ?" (wählt bereits eine Nummer) „Hören Sie ! Sie können nachher immer noch meine Personalien aufnehmen. Es eilt ! Kommen Sie schnellstens in die Flurstraße, denn da will einer vom Hochhaus springen - - Wie ? Warum sollte ich mir damit einen Scherz erlauben ? Bitte kommen Sie !" (wirft wütend den Hörer auf die Gabel)

Manfred: (hat das Dach fest im Blick, ohne sich umzuschauen) „Na ? Was ist ?"

Ingeborg: (wütend) „Die glauben doch tatsächlich, ich würde sie veralbern, sonst könnte ich doch meine Personalien geben."

Manfred: (sehr erregt) „Komm her ! Komm schnell her ! Ich glaube, jetzt tut er es !"

(beide sehen gespannt zum Dach)

Manfred: „Was ist denn das ? Der zündet sich eine Zigarette an. Der zündet sich tatsächlich eine Zigarette an ! Würdest du - - ich meine, wenn du so etwas vorhättest, - - würdest du vorher noch eine rauchen ?"

Ingeborg: (nervös) „Erstens rauche ich nicht, zweitens würde ich auch - - ach Scheiße ! Wie kannst du dir das nur so gefühllos anschauen." (weinerlich) „Ich verstehe dich nicht." (sie verläßt schluchzend den Raum)

3. Szene

Manfred: (unschlüssig, ob er ihr folgen soll, bewegt sich hastig zwischen Fenster und Flur) „Was ist denn los mit dir ? Soll ich weg schauen – jetzt, wo wir beide wissen, daß er früher oder später springen wird ? Du mußt ja nicht selber zuschauen, und ins Kino willst du jetzt sicher auch nicht mehr. Also ließ ein Buch oder geh zeitig ins Bett. Ich aber will sehen, wozu ein Mensch fähig sein kann. Ich weiß nicht, warum du mir das übelnimmst. I c h habe diesen Mann nicht überredet, das zu tun, was er offensichtlich tun will." (halblaut, mehr mit sich selber redend) „Raucht ne Zigarette ! Der Mann hat Nerven !" (legt den Feldstecher am Fenster ab und geht schnell zum Telefon, wählt hastig eine Nummer) „Hör zu Rainer ! Erspare mir lange Erklärungen. Komm, so schnell du kannst, zu mir ! Und bring deine Digitalkamera mit. Ja – beeile dich – und – vielleicht kannst du auch Freddy mitbringen. Ja – mach los !" (rennt wider zum Fenster, sieht durch das Fernglas und stellt erleichtert fest): „Is noch da ! –

Schnippt die Zigarettenkippe einfach in die Luft – eiskalt. Aber – spring jetzt noch nicht ! Warte noch. Denn du bekommst gleich noch mehr Zuschauer."

(es klingelt an der Tür. Manfred geht nur schnell öffnen und springt dann gleich wieder ans Fenster)

4. Szene

Karin: (betritt langsam den Raum) „Was ist denn mit dir los? – Wo ist denn Ingeborg ?"

Manfred: „Vielleicht im Bad, vielleicht hat sie sich auch hingelegt. Ich weiß es nicht. Ich bin hier beschäftigt."

Karin: „Beschäftigt ? – Für mich sieht es so aus, als würdest du anderen Leuten in die Zimmer schauen. Hätte ich nicht gedacht von dir."

Manfred: „Was würdest du sagen, wenn ich einen Selbstmörder beobachte ?"

Karin: (läßt sich das Fernglas geben und schaut durch) „Ist ja riesig ! Wie lange steht der schon da ?"

Manfred: „Ich weiß es nicht. Vielleicht eine Stunde, vielleicht noch länger. Ingeborg hat schon die Polizei oder die Feuerwehr angerufen."

Karin: „Und ?"

Manfred: „Ich glaube, die haben das als Scherz aufgefaßt."

(draußen ist es fast dunkel, Martinshorn ist von der Straße zu hören, Blitze des Blaulichts erreichen das Fenster)

Karin: (aufgeregt) „Ne,ne du - - die haben das ernst genommen. Aber was wollen die jetzt machen?"

Manfred: (schaut wieder durch das Glas) „Was weiß ich. Sprungtuch bei der Höhe geht, glaube ich, nicht. Aber was ich nicht verstehe, - wie kommt der überhaupt auf das Dach ? Da hat doch nicht jeder einen Schlüssel."

Karin: „Frag ihn doch."

Manfred (lacht gekünstelt) „Ha, ha, ha !"

Karin: „Vielleicht ist er der Hausmeister, dann hat er einen Schlüssel." (dreht sich weg) „Ich schau mal nach Ingeborg." (verschwindet im Flur)

5. Szene

(Martinshorn ist nicht mehr zu hören, dafür unverständliche Lautsprecher-Durchsagen und weiterhin Blaulicht-Blitze am Fenster.)

Manfred: (versucht den Tonfall seiner Verlobten nachzuahmen) „Ich verstehe dich nicht." (holt sich einen Stuhl ans Fenster) „Fast täglich kommen im Fernsehen noch viel schlimmere Dinge vor, und da schaut sie auch nicht weg. - - He ! Die bringen jetzt Scheinwerfer. Klar – sie werden ihn von unten kaum noch richtig sehen."

(es klingelt im Flur)

Manfred: (rast zur Tür, öffnet nur und eilt wieder ans Fenster)

6. Szene

Rainer und Freddy: (betreten den Raum)

Rainer: (legt Stativ und Kamera auf den Tisch) „Jetzt mußt du uns aber erklären, was das soll."

Freddy: (eilt ans Fenster und boxt Manfred freundschaftlich in die Rippen) „He ! Bei dir kommt man ja vor dem Haus kaum durch. Welchen Verbrecher jagt man denn ?"

Rainer: „Ich hoffe, daß du noch Bier im Haus hast."

Freddy: „Wo hast du denn deine Verlobte versteckt ?"

Manfred: „Jetzt haltet mal eure Klappe ! Da drüben will einer vom Hochhaus springen."

Rainer: (tritt ans Fenster) „Und warum tut er es nicht ?"

Freddy: „Ja eben. – Wer zu lange wartet, tut´s doch eh nicht mehr."

Manfred: (beleidigt) „Sagt mal – langweile ich euch ? Ich dachte, ich tu euch einen Gefallen mit dieser Sensation."

Rainer: „Und das soll ich filmen ? Wie soll das gehen ? Wenn er springt, ist es zum Einschalten zu spät. Oder sagt er dir vorher Bescheid ?"

Manfred: „Ich habe gar nicht gewußt, daß ihr solche Nervensägen sein könnt. –
Freddy ! He ! Du hast überhaupt noch nicht zum Fenster rausgeschaut.“

Freddy: „Ich will das nicht sehen. – Aber was hältst du davon, wenn ich in
deiner Kammer nach Bier suche ? Ohne Stoff baut Rainer keine Kamera auf –
geschweige, daß er sie laufen läßt.“

Manfred: „Und wenn der da drüben inzwischen springt ?“

Freddy: „Na dann hast du eben keine Bilder – „

Rainer: „Oder du hast viel bessere morgen in der Zeitung.“

Freddy: „Richtig. Ich schau jetzt mal nach der richtigen Flüssigkeit.“ (zu
Manfred) „Du hast doch nichts dagegen ?“

Manfred: „Geh nur ! Ich bleibe hier auf dem Posten.“

Freddy: (verschwindet im Flur)

7. Szene

Rainer: (stellt das Stativ auf und macht sich dann an der Kamera zu schaffen)
„Nachtaufnahmen auf die Entfernung - - da wirst du weiter nichts sehen. Aber
gut – ich tu dir den Gefallen. Ich lege einen Neunzig-Minuten-Film ein und lasse
es laufen. Wenn er in dieser Zeit nicht springt, dann ist er eingeschlafen – und
wir wahrscheinlich auch.“

Manfred: „Beeil dich! Er wird jetzt von unten angestrahlt, worauf er vor Schreck einen Schritt zurück gegangen ist."

Rainer: (sarkastisch) „Ist ja wohl die falsche Richtung." (arbeitet weiter an seiner Kamera)

8. Szene

Freddy: (kommt mit einer Trage Bier und stellt diese auf den Tisch) „So – mein lieber Rainer, da ist dein Flüssigbrot. Öffner liegt dabei, und Gläser brauchen wir nicht. Aber wo – Manni – ist eigentlich deine Verlobte?"

Manfred: „Ich kann nach ihr sehen, aber dann kommst du ans Fenster auf den Beobachtungsposten."

Freddy: „Ich habe doch gesagt, ich will das nicht sehen."

Manfred: „Du kannst ja wegsehen, wenn er springt. Du mußt nur laut schreien, sollte es so aussehen. Also wenn er Anstalten trifft."

Freddy: „Wie sieht das denn aus, wenn er Anstalten trifft?"

Rainer: (justiert noch an seiner Kamera) „Das würde ich auch gern wissen. – Was denkst du? Nimmt er Anlauf?"

(eine Tür schlägt zu und Karin erscheint)

9. Szene

Karin: „Ingeborg will von all dem hier nichts sehen und nichts hören."

Manfred: „Na dann sag ihr, daß sie ein reines Gewissen haben kann, denn auf ihren Anruf hin ist Polizei und auch Feuerwehr erschienen."

Karin: „Wär, glaube ich, besser, d u würdest es ihr sagen. Auf d i c h ist sie nämlich wütend. Sie meint, du wärest gefühllos."

Manfred: „Gefühllos ? - Ihr seht mich hier ziemlich aufgeregt, das kann doch nicht gefühllos sein. – Aber gut – ja, ich rede mit ihr. Bitte sei du dann so gut und setz dich in dieser Zeit auf meinen Posten."

Karin: „Ich ? Wieso ich ?"

Manfred: „Weil Teddy sich weigert und Rainer mit Kamera und Bier beschäftigt ist."

Karin: (stößt Manfred unwillig vom Stuhl und nimmt ihm das Fernglas ab) „Hau ab ! - Aber sei nett zu ihr !"

Manfred: (verschwindet im Flur)

Rainer: (fummelt an der Kamera)

Freddy: (schaut interessiert zu und trinkt Bier)

Karin: (beobachtet das Dach) „Welcher Beweggrund ist eigentlich ausreichend, um so etwas zu tun ?"

Rainer: „Unheilbare Krankheit oder bis zu den Knien in Schulden waten."

Freddy: „Liebeskummer."

Rainer: „Liebeskummer ? Du spinnst. Da geht man in die nächste Kneipe und läßt sich voll laufen."

Freddy: „Aber wenn es ab sofort nichts mehr zu trinken gäbe, würdest d u da oben auf dem Dach stehen."

Rainer: „Vielleicht. Aber dann würde ich euch nicht so lange warten lassen."

Freddy: (zu Karin) „Und du ? Wann könntest du dir eine solche Tat vorstellen ?"

Karin: „Moment - -„ (geht mit dem Glas noch näher ans Fenster) „Am Dachausstieg ist Licht angegangen. Sie werden von dort an ihn heran wollen."

Rainer: „Dann geht es jetzt in die Überredungsphase – das kann dauern."

Freddy: „Warum ist man noch nicht auf die Idee gekommen, für solche Fälle einen guten Lassowerfer anzuheuern ?"

Rainer: „Weil der – hast du so was schon mal gesehen ? Egal. Weil der die Schlinge erst einschleudern muß."

Karin: „Mensch, seid doch mal ruhig ! Da sagt jemand etwas durch so eine Meckertüte – „

Rainer: „Das wirst du durch solche Fenster hier mit Sicherheit nicht verstehen.“

Karin: „Aber jetzt steht er mit dem Rücken zum Abgrund.“

Rainer: „Dann wird er vollgedröhnt. Man wird ihm bedingungslos alles versprechen, wenn er nur sein Vorhaben aufgibt.“

Karin: „Vielleicht will er ja auch nur Aufmerksamkeit.“

Rainer: „Na die hat er doch jetzt.“

Freddy: „Glaubt ihr, daß Manfred enttäuscht wäre, wenn der Mann da nicht springt ?“

Rainer: „Sieht fast so aus. - - Wo bleibt er eigentlich ?“

Freddy: „Wir können ja inzwischen wetten, ob er mit oder ohne blaues Auge zurückkommt.“

Karin: „Wenn ich euch richtig verstehe, tun wir mit unserer Beobachtungs-hilfe nur Manfred einen Gefallen ?!“

Rainer: „Na laß mal. Man kann sich ja nicht ständig nur Filme reinziehen.“

Freddy: „Willst du damit sagen, daß das hier eine angenehme Unterbrechung ist? – Also ich würde lieber in unserer Bar sitzen oder mir einen guten Film anschauen."

Rainer: „Nun hat dich die Neugier aber doch hierher getrieben. Hör also auf zu nörgeln. Mach mir lieber noch ein Bier auf."

Karin: (schreit auf) „Verdammt ! Ich sehe ihn nicht mehr !"

Freddy: (ohne sich zum Fenster zu bewegen) „Ist er gesprungen ?"

Rainer: (schwenkt die Kamera hoch und runter und sucht durch das Okular das Objekt) „Ich sehe ihn nicht !"

Karin: „Doch ! Ich habe ihn wieder. Er war nur aus dem Scheinwerferlicht getreten. Er scheint aufgeregt und schimpft in Richtung Dachausstieg."

11. Szene

Ingeborg und Manfred: (betreten im Streitgespräch den Raum)

Ingeborg: „Du machst eine Show aus dem Leid anderer Leute !"

Manfred: „Aber i c h habe das doch nicht inszeniert. Ich bin nicht verantwortlich für die Entscheidungen anderer Leute."

Ingeborg: „Dann halte dich da raus !"

Rainer: „Das klingt nach zwanzigjähriger Ehe aber nicht nach vier Wochen Verlobung."

Karin: (zu den Verlobten) „Interessiert es euch noch, ob der Mann da drüben nicht vielleicht schon unten ist ?"

Manfred: (springt ans Fenster, dreht dann aber kleinlaut um) „Ja gut – ich habe versprochen, nicht ständig am Fenster zu stehen. Obwohl ich diese Spießigkeit nicht verstehe. – Aber wenn wir schon alle hier rumhängen, könnten wir uns doch eigentlich Pizza bestellen. Oder ?"

Rainer: „Die erste gute Idee ! Ich meine, der arme Schlucker da draußen tut mir ja leid, aber ich glaube nicht, daß wir etwas beeinflussen oder ändern können."

Manfred: (geht zum Telefon, hat den Hörer schon in der Hand, dreht sich aber noch einmal um) „Salami wie immer ?"

(Zustimmung von allen außer Ingeborg)

Ingeborg: „Frag ob sie Salat haben."

Manfred: „Natürlich haben die Salat." (wählt) „Ja eine Bestellung. Adresse ? Ja Adresse unverändert. – Also – vier Pizzen – ja auch wie immer Salami – und einmal Salat – ja große Portion."

Karin: (hat unbemerkt den Fensterplatz verlassen)

(einziger Zeuge für die Geschehnisse draußen ist nur noch die Kamera)

Karin: „Wir könnten Spiele spielen."

Rainer: „Was für welche ?"

Freddy: „Worte bilden."

Karin: „Und wie geht das ?"

Freddy: „Also – ich sage zum Beispiel Zwerghühner, dann muß der Nächste aus dem Endbegriff ein neues Wort bilden – zum Beispiel Hühnereier – dann vielleicht Eierbecher und so weiter."

Rainer: „Da haben wir ja schon den Salat. Ich wüßte mit Becher kein neues Wort."

Manfred: „Ach Rainer ! Natürlich muß man ein bißchen denken. Wie wäre es mit Becherregal ?"

Rainer: (nimmt vor Lachen die Bierflasche vom Mund) „So ein Quatsch ! Was soll denn das für ein Regal sein ?"

Freddy: „Rainer – Rainer ! Bißchen Fantasie wird auch gebraucht."

Karin: „Ja los ! Spielen wir es doch !" (setzt sich an den Tisch) „Wer fängt an ?"

Rainer: „Immer der Frager."

Ingeborg: (entschieden) „F r a g e r i n !"

Karin: „Na gut. Ich sage F l e i s c h w ü r f e l.“

Freddy: „Moment, Moment ! – Wir müssen uns erst an den Tisch setzen, damit es der Reihe nach geht. Also ?“

(alle setzen sich)

Rainer: „Jetzt ich ?“

Manfred: Ja klar. Aber jetzt sage nicht Würfelbecher.“

Rainer: (triumphierend) „W ü r f e l m u s t e r !“

Freddy: „Das hast du gut gemacht – fast wie ein M u s t e r s c h ü l e r.“

Ingeborg: „Ich sage S c h ü l e r z e i t u n g.“

Manfred: „Dann sage ich Z e i t u n g s e n t e.“

Karin: „Da sind wir ja schon einmal rum. Gut – Ente – Ente E n t e n b r a t e n.“

Rainer: „Dieses alberne Spiel macht Durst.“ (greift zum Bier)

Freddy: „Du mußt aber etwas sagen.“

Rainer: „Sag ich auch. B r a t e n d u f t.“

Freddy: „Äh – D u f t f l ä s c h c h e n.“

Ingeborg: „F l a s c h e n h a l s.“

Manfred: „H a l s k e t t e.“

(es klingelt)

Manfred: „Wird die Pizza sein. Ich mach auf.“ (geht zur Tür)

12. Szene

Pizza-Bote: (betritt mit Manfred den Raum, stellt die Pizzen und den Salat auf den Tisch) „Guten Abend ! – Die Straße ist abgesperrt, da bin ich kaum durchgekommen.“

Manfred: (schreit auf) „Die Straße ! Das Dach !“ (eilt zu Fenster und blickt durch das Fernglas) „W o   b i s t   d u ? – Sehr gut. Ist noch da. – Ha – hätte ich beinahe vergessen.“

(alle sehen mit Befremden zu Manfred)

Pizza-Bote: (unbeeindruckt) „Zahlt jeder für sich ?“

Rainer: „Jeder für sich.“ (nimmt sich eine Packung) „Sehe schon – der Preis steht auf der Schachtel.“ (reicht dem Boten einen Schein) „Stimmt so.“

(alle zahlen nacheinander)

Freddy: (brüllt) „Manni ! Dein Beitrag fehlt !“

Manfred: (vorwurfsvoll zu Ingeborg) „Konntest du es nicht auslegen ?"

Ingeborg: „Damit du länger am Fenster stehen kannst ?"

Manfred: (verläßt das Fenster und bezahlt den Boten, weiterhin mit Vorwurf zu Ingeborg) „Ich soll - - nach deinem Wunsch - - nicht ständig am Fenster stehen. S t ä n d i g."

Pizza-Bote: „Gibt es da etwas Besonderes zu sehen ?"

Manfred: „Etwas Besonderes ?" (wendet sich an alle) „Gibt es da etwas Besonderes ?"

Alle: „Nein, nein – nichts Besonderes."

Pizza-Bote: „Na dann wünsch ich noch einen schönen Abend. Tschüs !" (geht ab)

13. Szene

(alle packen das Essen aus)

Freddy: (ahmt den Pizza-Boten nach) „Gibt es etwas Besonderes ? – He !"

Manfred: „Mach dich nur lustig. Für mich war das ein Beweis, daß in den regionalen Nachrichten noch nichts gebracht wurde. Sonst hätte er nicht so harmlos fragen können."

Ingeborg: „Ich hole uns Besteck. Und – „ (zu Karin) „wir haben nicht nur Bier im Haus. Soll ich uns Kaffee machen ?“

Karin: „Ne – aber ich habe gesehen, daß du Schorle hast. Schorle ist gut.“

Ingeborg: (geht ab)

14. Szene

Manfred: (zu Rainer) „Sag mal – läuft die Kamera überhaupt ?“

Rainer: „Bis jetzt nicht. Soll ich sie laufen lassen ? Dann schafft die Batterie die neunzig Minuten Film nicht, da brauche ich Stromanschluß.“

Manfred: „Ja – gleich hinter dir. Schalte sie ein !“

Rainer: (fummelt am Stromkabel und an der Kamera) „Aber ich sage dir jetzt schon, du wirst enttäuscht sein.“

15. Szene

Ingeborg: (kommt mit dem Besteck, verteilt es und stellt Karin eine Schorle hin.)

Karin: „Danke. Eigentlich ist das heute eine merkwürdige Zusammenkunft.“

Freddy: „Haben wir dem Mann auf dem Dach zu verdanken.“

Ingeborg: „Tut mir den Gefallen und erwähnt ihn möglichst nicht.“

(alle essen und trinken)

Manfred: „Ist es eigentlich kalt draußen ?"

Rainer: „Warum ?"

Manfred: „Naja – ich meine, wenn man längere Zeit stehen und warten müßte."

Freddy: „Wo willst du denn jetzt stehen und warten ?"

Ingeborg: (legt hörbar ihr Besteck ab) „Merkst du nicht, worauf er aus ist ? Er kann es einfach nicht lassen. Obwohl er weiß, daß ich für dieses Sensations-Theater nichts übrig habe."

Manfred: „Meine Güte ! Wie kann man so empfindlich sein."

Ingeborg: „Wieso m a n ? Fällt dir schon mein Name nicht mehr ein ?"

Karin: „Was können wir tun, damit ihr euch nicht streitet ? Es ist doch nah dran."

Rainer: „Vielleicht sollten wir wieder gehen ?!"

Manfred: „Kommt nicht in Frage ! Es muß doch möglich sein zu begreifen, daß ich nicht für das Leid anderer Leute verantwortlich bin. Auch wenn ich weg schaue, wird das Leid nicht kleiner !"

Ingeborg: „Das wird es aber auch nicht, w e n n du hinschaust."

(von nun an wird immer lauter, immer schneller und immer gereizter gesprochen. Eine Eskalation bis zum Ende der Szene. Die Männer trinken nach dem Verzehr der Pizza wieder Bier.)

Karin: „Würden wir es eigentlich beachten, wenn es weiter weg geschähe?"

Freddy: „Wahrscheinlich nicht. Denn es kann ja sein, daß es täglich tausendfach geschieht."

Ingeborg: (zu Manfred) „Wie bedauerlich, daß du nicht alle tausend Stellen weißt, denn dann würdest du doch mit Freund Rainer und der Kamera an alle tausend Stellen hingehen!"

Rainer: „Was soll denn das jetzt? Wie du das sagst F r e u n d R a i n e r! Klingt so, als wäre ich gar nicht so willkommen."

Ingeborg: „Wie das wohl kommen mag? Dabei weißt du ganz genau, daß Manfred mehr mit eurem Stammtisch verlobt ist als mit mir. Und jetzt schleppt er noch die Welt da draußen hier rein. Ich möchte die Welt da draußen nicht hier drin haben!"

Manfred: „Und warum konntest du es mir nicht sagen? Warum mußt du ein öffentliches Bekenntnis daraus machen?"

Ingeborg: „Ich habe es oft genug gesagt, aber du hörst nicht zu!"

Karin: „Wie ist es möglich, daß euch die Welt da draußen so beeinflussen kann? Ihr habt euch ein Versprechen zur Ehe gegeben. Also achtet euch!"

Manfred: „Das sagst ausgerechnet du ? Du kriegst doch gar keinen Partner, dem du irgend etwas versprechen könntest ! Kannst doch gar nicht mitreden !"

Karin: (stößt einen langen, schrillen Schrei aus, der noch in die nachfolgenden Worte von Rainer hineinreicht)

Rainer: „Gegen das hier – also das muß ich schon sagen – gegen das hier hat ja unsere Kneipe ein ganz hohes Niveau ! Ihr seid ja vollkommen überdreht !"

Ingeborg: (jetzt stößt sie einen langgezogenen Schrei aus)

(plötzlich Ruhe, nachdem der Schrei verklungen ist)

Freddy: (verängstigt) „Wenn ihr damit noch einmal anfangt, steige i c h aufs Dach !"

(schnelles Abblenden des Lichts, völlige Dunkelheit)

16. Szene

(langsames Aufblenden, gleicher Raum, es ist Tag, durch das Fenster ist das gegenüberliegende Hochhaus im Sonnenlicht zu sehen. Manfred schläft am Tisch, Freddy sucht im tragbaren Radio einen Sender, Geräuschesalat.)

Freddy: (überdreht den Ton)

Manfred: (wird aus den Schlaf gerissen, kommt erschreckt hoch) „He ! Was ist los ? „

Freddy: „Guten Morgen ! – Obwohl – nein, ich glaube, das wird kein guter Morgen für dich

Manfred: „Was um alles in der Welt machst du da ?"

Freddy: „Ich versuche einen regionalen Sender zu bekommen der Nachrichten bringt."

Manfred: (reibt die Augen und streckt sich) „Erinnere mich bitte nicht an die vergangenen Stunden. Vielmehr - - warum soll das kein guter Morgen für mich werden, und wo sind die anderen ?"

Freddy: (quält weiter das Radio) „Gleich zwei Fragen. Na gut. Rainer holt am Kiosk Frühstück, und er läßt dir ausrichten, daß auf dem Film nichts zu sehen ist. Ingeborg und Karin haben sich aus den Staub gemacht."

Manfred: „Was heißt aus dem Staub ?"

Freddy: „Du bist entlobt ! Der Ring liegt am Telefon."

Manfred: (geht müden Schrittes ans Fenster) „Was hat er gesagt ? Es ist nichts zu sehen ?"

(ein Sender im Radio wird immer deutlicher, folgende Worte sind zu hören) „Behinderungen fast die ganze Nacht - - vom Hochhausdach wurde gedreht - - gehört zu dem neuen Spielfilm - - „

(ganz schnell Licht wegnehmen)

Faust trifft Hamlet

Inhalt:

Blick in die Zukunft. Könnte vielleicht in fünfzig Jahren eine reale Situation werden.

Um den Staatsbankrott hinauszuzögern, nimmt das Land den Müll anderer Länder gegen Bezahlung an.

Viele Landstriche sind bereits mit Abfall zugedeckt, und die Bevölkerung kann nur noch mit Mundschutz auf die Straße.

Ratten und Krankheiten nehmen zu.

Das Militär übernimmt viele Polizeiaufgaben, um die Bevölkerung von unüberlegten Handlungen abzuhalten.

Eine erhöhte Sterblichkeit paßt ins Konzept der Regierung, die keine funktionierende Opposition mehr hat.

Zwei Männer und eine Frau versuchen in ihrer selbst geschaffenen Welt zu überleben.

Die Frau ist hochschwanger, die Männer sind Gelegenheitsarbeiter.

In Gesprächen wird eine verfehlte Politik der Vergangenheit deutlich.

Der Fortschritt, der im Müll verschwand, kann nicht mehr zurückgeholt werden.

Die Männer ziehen zwei Bücher aus dem Müll – Faust und Hamlet.

Während sie über Sinn und Unsinn dieser Bücher reden, entbindet die Frau.

Der erste Schrei des Neugeborenen ist der hoffnungsvolle Schlußpunkt.

Personen:

Lena (ca 25) schwanger, alleinstehend

Phil (ca 20) lässig, aufmüpfig

Kai (ca 50) geschieden, lethargisch

Teil einer verwahrlosten Vorortstraße.

Links Eingänge halbzerfallener Häuser. Rechts der Rand eines riesigen Abfallberges.

Dämmerung, die bis zum Ende des Aktes Dunkelheit erreicht.

Zwei Straßenlaternen gehen an.

Während des ganzen Aktes ist das An- und Abfahren sowie das Entleeren von Lastwagen zu hören. In wechselnden Lautstärken.

1. Szene

(während des langsamen Aufblendens ist die Durchsage eines unsichtbaren Latsprecherwagens zu hören.)

„Achtung ! Achtung ! Wir müssen darauf bestehen, daß die noch verbliebenen Leute in diesem Viertel, die ihre Behausungen immer noch nicht verlassen haben, das innerhalb der nächsten achtundvierzig Stunden tun ! Für sie stehen Notunterkünfte bereit. Dieses ganze Gebiet hier wird nach der angegebenen Frist zur Abfallentsorgung genutzt werden. Ein weiteres Verbleiben ist lebensgefährlich ! Wir müßten dann Gewalt anwenden ! Seid also vernünftig und verlaßt das Gebiet !"

Stimme von Phil: (ruft laut) „Hast du es gehört ?"

Stimme von Kai: (ebenfalls laut) „Ja – habe ich ! Bin ja nicht taub. Obwohl man das bei dem ständigen Fahrzeuglärm werden kann."

Stimme Phil: „Und warum – um alles in der Welt – sind wir dann noch hier ?"

2. Szene

Kai: (tritt mit Mundschutz auf, zieht aus einem der Hauseingänge einen Müllsack hinter sich her) „Das kann ich dir sagen. Weil erstens – „ (wirft den Sack auf den Haufen, doch der ist so hoch, daß der Sack zurück fällt) „ – weil wir also erstens keine Müllabfuhr bezahlen – „ (versucht den Wurf noch einmal mit dem gleichen Mißerfolg) „ – und die ist heute schon teurer als die Miete."

Phil: „Und zweitens ?"

Kai: „Na was wohl ? Miete ja auch nicht."

Phil: (tritt auch mit Mundschutz auf, abenteuerlich gekleidet, kein Stück paßt zu dem anderen) „Aber dafür haben wir keinen Strom !"

Kai: (wirft noch einmal erfolglos den Sack) „Kerzen tun es doch auch."

Phil: „Mit einer Kerze bekomme ich aber keinen Fernseher an."

Kai: „Was verpaßt du, wenn du ihn nicht an bekommst ?"

Phil: „Na was verpaß ich ? Eben etwas anderes sehen als diese Dreckhaufen hier."

Kai: „Werde noch ein bißchen älter, dann gewöhnst du dich daran. Vielleicht – „ (er zeigt auf den Sack) „ – hilfst du mir mal."

Phil: „Warum die Mühe ? Wir haben es doch gerade gehört. In achtundvierzig Stunden kommt hier überall Müll hin." (wuchtet mit Kai den Sack hoch) „Aber ich geh nicht !"

Kai: „Was heißt, du gehst nicht ? Willst du dich hier zubaggern lassen ?"

Phil: „Was wollen die denn machen, wenn ich mich einfach vor das Haus stelle und nicht weiche ?"

Kai: „Die fragen dich nicht mehr. Wenn sie bei dir auftauchen, schaffst du es nicht mal bis auf drei zu zählen. So schnell haben die dich in ihren Wagen. Also hör auf dir einzubilden, daß du nach achtundvierzig Stunden noch hier sein könntest."

Phil: (trotzig) „Und was ist mit dir ? Hast du schon den Möbelwagen bestellt ? - - Verdammt ! Hier brauche ich auf niemand Rücksicht nehmen. Und jetzt ? Was wird jetzt sein ? Notquartier ! Dicht an dicht mit anderen, die mich ständig beobachten, ob ich das, was ich tu, auch richtig mache."

Kai: „Wolltest du etwa bis zu deinem Lebensende in dieser Behausung bleiben ? Die Erde müßte dann zehnmal größer sein, wollte jeweils nur eine Handvoll Menschen ein ganzes Stadtviertel bewohnen."

Phil: „Handvoll ? Wenn du drei Menschen eine Handvoll nennst - - „

Kai: (erschrickt) „Lena ! – Wann hast du sie das letzte Mal gesehen ?"

Phil: „Ich bin nicht ihr Kindermädchen."

Kai: „Sie ist hochschwanger, und es kann jeden Tag soweit sein, du Rohling !"
(eilt zu einem der Hauseingänge und verschwindet dort)

3. Szene

Phil: (trottet langsam in die Richtung, in der Kai verschwand) „Die muß verrückt sein ! Läßt sich ein Kind andrehen und glaubt, daß wir hier Geburtshelfer spielen !" (stößt wütend mit dem Fuß ein Stück Abfall weg) „Ich kann das nicht ! - - Was mich dabei am meisten ärgert - - ich werde es wahrscheinlich tun müssen ! Na klar. Außer dem alten Knacker ist doch hier niemand. Vielleicht aber hält sie noch durch. Achtundvierzig Stunden das sind zwei Tage und zwei Nächte." (setzt sich auf den Bordstein)

4. Szene

(eine Tür wird zugeschlagen)

Lena: (tritt ziemlich forsch auf die Straße, ohne Mundschutz, dicker Bauch) „Paß mal bißchen auf den alten Herrn da auf ! Der wollte doch tatsächlich nachsehen, ob mein Kind schon kommt !"

Phil: „Na und ? Wenn es kommt, wirst du ihn wahrscheinlich brauchen. Warum trägst du eigentlich keinen Mundschutz ?"

Lena: „Mein Kind wird bald in dieser Luft leben müssen. Da wird es Zeit, daß es schon mal etwas davon abbekommt."

Phil: „Heute stinkt es ganz besonders schlimm."

Lena: „Ratten haben doch auch ein Geruchsorgan. Trotzdem fühlen sie sich im größten Gestank wohl."

Phil: „Wir sind doch keine Ratten."

Lena: „Aber wir werden langsam welche." (versucht sich auf den Bordstein zu setzen, aber es mißlingt, der dicke Bauch ist dabei hinderlich)

Phil: (zieht eine alte Obstkiste aus dem Hintergrund heran) „Da ! – Setz dich da drauf !"

Lena: (setzt sich breitbeinig auf die Kiste und deutet in Richtung Abfallberg) „Was macht eigentlich unsere Regierung mit all dem vielen Geld, das sie dafür bekommt ?"

Phil: „In den letzten Nachrichten, die ich aufgeschnappt habe, hieß es immer noch Schulden Abzahlung. Viele Länder helfen uns da schon, indem sie immer mehr Dreck für immer mehr Geld bei uns abladen."

Lena: „Ob es wohl im ganzen Land so aussieht wie hier ?"

Phil: „Kann ich mir nicht so recht vorstellen. Dann müßte unsere Regierung schon in einem festen Bunker unter der Erde sein. Warum willst du eigentlich unbedingt ein Kind ?"

Lena: „Ich weiß nicht, ob du mich verstehst – aber ich brauche ein Wesen, das mich lieb hat, und das ich lieb haben kann."

Phil: „Dann wäre ich aber an deiner Stelle in der Nähe eines Krankenhauses geblieben."

Lena: „Hast Angst, du müßtest helfen ? – Sei unbesorgt. – Ich habe mal vor langer Zeit – ja, das ist schon lange her – also vor Jahren sah ich einen Film, in dem das Leben eines Naturvolks irgendwo in Südamerika gezeigt wurde. Also – du wirst es nicht glauben – aber da ging eine hochschwangere Frau mit einem Korb in den Wald um Beeren zu sammeln. Als sie aus dem Wald zurück kam, da hatte sie ein Neugeborenes im Arm und den Korb voller Beeren."

Phil: „Was willst du damit sagen ?"

Lena: „Das es doch möglich sein muß, sich selbst zu helfen."

Phil: „Aber - - wir sind hier nicht im Urwald."

Lena: „Eben. Aber dort würde man mir das Kind nicht wegnehmen wollen, nur weil ich in kurzer Zeit – um genau zu sein in achtundvierzig Stunden – keinen festen Wohnsitz mehr habe. Ich will das Kind nicht für dieses Land – ich will es für mich !"

Phil: „Na gut. Aber ich weiß nicht, wie man ein Kind auf die Welt bringt. Ich werde dir also nicht helfen können."

Lena: „Du wirst mir helfen, ich weiß es. Du wirst mir genau so helfen wie Kai, der das Kind am liebsten jetzt schon raus ziehen wollte."

Phil: „Woher nimmst du dieses Selbstvertrauen ? – Also – ich meine – ich habe Mühe, mich selbst durchzubringen. Und du- - du freust dich auf Nachwuchs."

(vom Rand des riesigen Abfallberges brechen einige Gegenstände herunter, es hat den Anschein, als würde die Masse dem Druck nicht länger standhalten)

Phil: „Sieht aus, als würde es keine achtundvierzig Stunden mehr halten."

Lena: (steht auf) „Ich pack mal schon meine Habseligkeiten zusammen. Vielleicht holt man uns schon eher." (geht ins Haus)

5. Szene

Phil: (steht auf und betrachtet die herabgefallenen Gegenstände, stößt sie dann verächtlich mit dem Fuß weg. Es fallen ihm zwei Bücher auf, die jeden Augenblick aus der Masse herausfallen können. Er zieht sie heraus, schüttelt sie und wischt mit der Hand den Dreck ab und setzt sich mit ihnen auf die Obstkiste, blättert erst ziellos, so als wollte er nachsehen, ob etwas zwischen den Seiten steckt und beginnt dann zu lesen.)

6. Szene

Kai: (kommt aus einem der Häuser und läuft freudig zu Phil) „Wasser hatten wir ja die ganze Zeit – aber jetzt – du wirst es nicht glauben – jetzt hat man uns für die letzten Stunden sogar den Strom zurückgegeben ! He ! Was hast du da ?"

Phil: „Nach was sieht das aus ? Ich würde sagen, das sind Bücher – die Vorgänger von CD und DVD. Aber die hier müssen schon sehr alt sein."
(blättert hin und her) „Von einem Goethe habe ich schon mal gehört aber nicht von diesem – diesem Faust."

Kai: (schaut Phil über die Schulter) „Das hat man früher mal im Theater gespielt."

Phil: „Wirklich ? Na dann hör mal her ! So spricht doch kein Mensch. Paß auf!" (versucht zu deklamieren) „Habe nun ach, Philosophie, Juristerei und Medizin und leider auch Theologie durchaus studiert mit heißem Bemühen. Da steh ich nun, ich armer Tor und bin so klug als wie zuvor." (wieder im normalen Tonfall) „Also ich kenne niemand, der so viel studiert hat und sich danach immer noch für dumm hält."

Kai: „Ich denke, du mußt das im Zusammenhang sehen. Also – du mußt das ganze Stück kennen. Schriftsteller verfolgen oft ein bestimmtes Ziel, und um es zu erreichen, sind sie auch bereit zu übertreiben."

Phil: „Wahrscheinlich wie an dieser Stelle – „ (deklamiert) „Und ziehe schon an die zehn Jahr, herauf, herab und quer und krumm, meine Schüler an der Nase herum und sehe, daß wir nichts wissen können." (wieder normaler Tonfall) „Keine Lehrkraft würde das eingestehen. Denn das hieße doch, daß jedes Studium reiner Unsinn wäre. Wie kann man denn nur so etwas schreiben?"

Kai: „Auch wenn du es nicht glauben solltest, aber i c h habe studiert. Und nun sag selbst, wie weit bin ich damit gekommen ?"

Phil: „Dazu paßt die nächste Stelle. Paß auf !" (deklamiert) „Auch hab ich weder Gut noch Geld, noch Ehr und Herrlichkeit der Welt. Es möchte kein Hund so länger leben. !"

Kai: „Scheint auf nicht beabsichtigte Weise noch aktuell zu sein."

Phil: „Trotzdem liegt da schon Meter hoher Kulturschutt drauf." (zeigt auf den Abfallberg) „Von ziemlich tief unten habe ich es herausgezogen."

Kai: „Ach du denkst, alle haben in dieser unteren Zeitspanne Ihren Goethe entsorgt ?"

Phil: „Nicht nur das – wahrscheinlich auch ihre letzten Bücher."

Kai: „Du willst doch damit nicht etwa sagen, daß du vorher noch nie ein Buch in der Hand hattest ? Dafür findest du dich aber gleich gut zurecht."

Phil: „Jetzt fehlt nur noch, daß du erstaunt bist, daß ich überhaupt lesen kann."

Kai: „Na – ich überlege gerade, ob es nicht manchmal doch von Vorteil sein könnte, es nicht zu können."

Phil: „Du meinst, dumm stellen heißt nicht unbedingt auch dumm zu sein."

Kai: „Nein, nein. Ich meine die Unwissenheit, die einen davor schützt, über alles nachdenken zu wollen. Ich weiß zum Beispiel nicht, ob du mit Faust deine Lage verändern kannst."

Phil: „Ich will es gar nicht lesen. Ist mir zu dick."

Kai: „Und nun stell dir vor, es hat Leute gegeben, die hatten die Wände voller Regale und die Regale voller Bücher."

Phil: „Aber nicht alle gelesen."

Kai: „Manche haben es behauptet, und die wurden bewundert, geachtet, und man bescheinigte ihnen Intellekt und Bildung.“

Phil: „Sie haben aber auch nicht verhindern können, daß wir heute als ihre Nachkommen im Dreck verschwinden. Bildung und Intellekt sind also auf der Strecke geblieben. Das hier – (er wiegt beide Bücher in den Händen) „sind vergangene Fantasien:“

Kai: „Die du doch nie kennengelernt hast. Dann laß mich urteilen. Seit es dieses Überflüssige nicht mehr gibt, erkenne ich überall nur noch erschlaffte und zur Kapitulation bereite Pragmatiker. Mich eingeschlossen.“

Phil: „Na sieh mal einer an ! Wer hat denn das Überflüssige, wie du es nennst, abgeschafft ? Nicht zu verwechseln mit dem Überfluß, der uns bald wie eine Lawine erschlägt, und den wir hier täglich einatmen. Ihr alten Gockel seid doch gar nicht so weise. Denn schließlich waren es eure Heldentaten, an denen wir heute knabbern. I h r habt euch doch vom Überflüssigen verabschiedet, und wie es aussieht sehr gründlich. Muß doch zu denken geben, daß i c h für meine Generation eure Sünden wieder ans Tageslicht hole.“

Kai: „Aber wie ich dich kenne, wirst du die Bücher wieder dahin werfen, wo du sie gefunden hast.“

Phil: „Klingt irgendwie nach schlechtem Gewissen und der Angst, sie nun ständig bei mir zu sehen. Kann das sein ?“

Kai: „Du weißt doch mit den Büchern gar nichts anzufangen. Da – hier - - (greift sich das zweite Buch und liest) „Hamlet !“

Phil: (reißt ihm das Buch aus der Hand und liest) „Hamlet ? – Vielleicht heißt es ja Hämlit. Immerhin der Schreiber klingt englisch –Sakes – „

Kai: „Schäkspier ! – Ist auch einmal im Theater gespielt worden."

Phil: „Und ? Was hat euch das gebracht ?"

Kai: „Bildung !"

Phil: (scheint erst sprachlos, lacht dann aber laut und lauter, und immer, wenn er in das fragende Gesicht von Kai blickt, bekommt er erneut einen Lachanfall)

Kai: (nach längerer ratloser Betrachtung seines Gegenübers) „Bist du – bist du vielleicht krank ?"

Phil: (kann nur schwer das Lachen zurückhalten) „Nein, nein – ich hoffe nicht. Ich wollte dich nur fragen. Sind das – „ (er macht eine weit ausholende Armbewegung über den Müll) „sind das die Früchte eurer Bildung ? Ja ? – Na komm ! Schau nicht so verzweifelt. Beschwöre doch das Ganze hier mit Faust und Hamlet ! Na los ! Zeige mir, das Bildung etwas Erstrebenswertes war !"

Kai: „Wieso w a r ?"

Phil: „Na – daß ihr an eure Grenzen gestoßen seid, zeigt doch unser jämmerliches Aufbäumen in dieser Schuttlandschaft. Eure Bildung ist zugeschüttet – ganz einfach zugeschüttet."

Kai: „Davon hast du doch keine Ahnung – bist für so ein Urteil viel zu jung."

Phil: „Immer und immer die gleichen Ausreden. Du kannst doch nur meine Argumente nicht widerlegen. Dabei würde ich nichts lieber hören. Schließlich muß ich diese beschissene Welt noch etwas länger ertragen als du. – Na – was ist ? Ich möchte von dir gern wissen, ob sich eure Bildung gelohnt hat. Egal ob nun mit oder ohne Faust – ob mit oder ohne Hamlet – eben nur für die Allgemeinheit. Hat es sich da gelohnt ?"

Kai: „Naja – es gab Gebildete und weniger Gebildete – „

Phil: „Klar. Die Nachkommen der besser Gebildeten sitzen wahrscheinlich auch heute noch nicht an so einem Dreckloch wie wir. Vielleicht haben sie ja sogar noch einen Faust oder Hamlet im Regal. – Bloß – was machen sie damit ? Angeben so wie du ? „ (versucht Kais Tonfall nachzuahmen) „Ich hab mal gehört davon. Jaja – das hat man mal gespielt. – (wieder im normalen Tonfall) „Ich gehe jede Wette ein, daß die Schreiber dieser Werke von unseren Rollen, die wir hier spielen, noch keine Ahnung hatten. Denn was nutzt das beste Schreiben bei erkannter Sinnlosigkeit ? War doch alles sinnlos ? Oder ?"

Kai: „Was ist eigentlich los mit dir ? Willst du mir einreden, daß es besser wäre mich aufzuhängen ?"

Phil: „Wir sind doch nur für uns selber wichtig. Für wen wären wir denn ein Verlust oder Gewinn ? Nicht einmal unsere Regierung freut sich, daß wir auf der Welt sind. Wir machen ihr nur Sorgen und Scherereien. Nun muß sie auch noch Notquartiere für uns bereitstellen." (legt die Bücher langsam und vorsichtig auf den Boden) „Das mit deiner Bildung hast du mir immer noch nicht erklärt."

Kai: „Was willst du wissen ? Ich habe die Höhepunkte unserer Kultur auch nicht mehr erlebt. Kenne vieles nur vom Hörensagen."

Phil: „Na fein. U n s wird man später nicht mal vom Hörensagen kennen. Man wird die Müllberge bestaunen und sich fragen, wie ein einziges Volk so viel davon hinterlassen konnte. Daß die Regierung den ganzen Müll sich bezahlen ließ um die Haushaltskasse zu sanieren, interessiert nach vielen Jahren niemand mehr."

Kai: „Zumindest nicht die künftigen Herrscher."

Phil: „Wen meinst du ?"

Kai: „Die Ratten. Wen sonst ?"

(ein langgezogener Schrei von Lena ist zu hören)

Kai und Phil: (verharren in ihren Bewegungen)

(nach einer Weile des Wartens, in der nur weiterhin die entladenden Lastwagen zu hören sind, dann plötzlich der Schrei eines Neugeborenen)

Kai und Phil: (setzen sich erst langsam dann immer schneller werdend zum Haus in Bewegung)

(während verstärkter Lastwagengeräusche fällt der Vorhang)

So in etwa sollte der rechte Bühnenteil aussehen.

Günter Baum

selbst einst Schauspieler ist Schriftsteller und Dramatiker.

Er begann das Schreiben unter dem Pseudonym Waltraud Günter.

Görlitz ist seine Geburtsstadt, er lebt aber schon viele Jahrzehnte in Franken.

Bilder:

Buch Vorderseite: Atelier Aufnahme des Schriftstellers

Buch Rückseite: Günter Baum als 2. Läufer in „Der weiße Heiland" von

G. Hauptmann

Regieanweisungen (Vier Pizzen):

Regieanweisungen (Faust trifft Hamlet):